Mathias Bluemlein

Wenn der Teppich fliegen könnte...

„Kein Tag ist so alltäglich, als dass er uns nicht jederzeit eine neue Dimension zu eröffnen vermag."

365wenn.wordpress.com

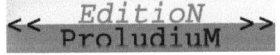

© Mathias Bluemlein 2017

vertreten durch:

Edition Proludium
Industriestr. 10
D-89275 Elchingen
www.proludium.de

Bilder:
Titel/Umschlag: © Igor S. - Fotolia.com, © INFINITY – Fotolia.com, sowie besonderen Dank an die Bilder-Altruisten von pixabay.de

Satz, Texte und Titelgestaltung: alias X Konzeptionslabor

Bibliografische Information der Deutschen Nationalbibliothek:
Die Deutsche Nationalbibliothek verzeichnet diese Publikation in der Deutschen Nationalbibliografie; detaillierte bibliografische Daten sind im Internet über http://dnb.dnb.de abrufbar.

Herstellung und Verlag:
BoD – Books on Demand, Norderstedt
ISBN: 978-3-7431-7354-5

„Wenn es einen **Moment** gibt im **Leben,** den man viel zu oft verpasst, dann ist es das **Jetzt.**"

Diese leider oft zutreffende und ebenso ernüchternde Erkenntnis ist allen aufgeweckten Leserinnen und Lesern gewidmet, die sich nicht von den trügerischen Betrachtungen vergangener wie künftiger Konjunktive ablenken lassen.
Willkommen in der faktischen Realität der Gegenwart!

Dankesnote

an das Leben, das mich täglich Neues lehrt, sowie an die wenigen Menschen, denen ich meine guten Erfahrungen verdanke, und die einen Abschnitt ihrer Lebenszeit mit mir geteilt haben, sei es nun freiwillig, zufällig oder vielleicht auch notgedrungen.

Fast ebenso großen Dank hingegen widme ich all' jenen, die mein Urteilsvermögen, meine Kritikfähigkeit und meine Widerstandskraft durch ihre Ignoranz, ihre Gier, ihre Beschränktheit und ihre selbstverschuldete Denkbehinderung geschärft und gestärkt haben. Weiter so!

Und selbstverständlich stehe ich in der Schuld aller geistigen Vorväter und -mütter: Vorbilder und Vordenker, deren Gedankengut den fruchtbaren Humus bildet, auf dem meine eigenen bescheidenen Ambitionen, Denkversuche und -ergebnisse in fröhlichem Wildwuchs vor sich hinwuchern.

Meine persönliche Buchempfehlung 2017:
„Der fliegende Teppich" von Gert Scobel hat mich zum Titel wie auch zum einleitenden Vorwort dieser zweiten „365-wenn"-Edition inspiriert: Danke, Herr Scobel, für dieses wichtige und erhellende Werk!

Mathias Bluemlein, im Juli 2017

Wenn der Teppich fliegen könnte...

...würde man sich diesem Luftikus wohl anvertrauen? Im Märchen klingt das fantastisch: Ein profaner Teppich, der einen durch die Lüfte trägt, wohin immer man nur will. Im echten Leben würden sich wohl nur besonders Wagemutige auf das Abenteuer einlassen, ein solch schwankes Luftgefährt zu benutzen. Denn ein Teppich ist nicht viel mehr als ein, wenn auch kunstfertig hergestelltes, Gebilde aus weichen und zerstörbaren Fäden. Ein zartes Gewebe der Fantasie, wenn man so will, umso mehr, wenn es auch noch fliegen können soll.
Aber so ist es mit allen Produkten der menschlichen Erfindungskraft, seien sie nun erzählerischer oder konkreter Natur:
Wenn man viele lose Enden miteinander verknüpft, hat man am Ende vielleicht eine faszinierende Geschichte, ein schönes Märchen oder einen wunderbaren Teppich, um sich daran zu erfreuen. Oder ein kräftiges Seil, um sich daran aufzuknüpfen. Oder ein tragfähiges Netz, das einen auffängt, wenn man fällt. Aber wenn man schon in der Luft hängt, dann doch lieber auf einem fliegenden Teppich, so wie in dem Märchen aus 1001 Nacht, oder?

Das Leben ist eine Geschichte, die jeden Tag neu erzählt wird. Von uns allen, und von jedem Menschen anders. Dafür finden sich in dieser zweiten Edition 365 neue „Wenns" aus 1001 Tagen ausgewählt:
zum Innehalten, zum Abheben, zum Neudenken, zum Durchstarten, zum Freischweben.

Denn jeder Gedanke, jede Idee, jeder Erzählfaden, jede Faser kann unser Leben fundamental verändern - und sei es nur kraft der tagträumenden Fantasie, die uns manchmal beflügelt.

Carpet Diem: Der Teppich des Tages
Carpe Diem: Pflücke den Tag! So lautet der uralte Appell an das Leben. Denn dieses unser Leben ist eine Frucht, die uns jeden Tag neu zuwächst.
Und jeder neue Tag ist gewoben aus dem zarten Gespinst unserer Erfahrungs- und Erwartungsmuster. Carpet Diem: Der Teppich des Tages. Er ist so einzigartig wie jedes Individuum, das ihn erlebt, gestaltet und wahrnimmt. Wenn wir uns darauf einlassen, und das tun wir jeden Tag neu, trägt uns dieses Gespinst durch die Zeit und über so manche Unebenheit hinweg. Manchmal hat man sogar tatsächlich das Gefühl zu schweben, fast, als ob wir auf einem fliegenden Teppich durch unser Leben gleiten würden.
Das wichtigste Kunststück dabei ist, unterdessen die Bodenhaftung nicht zu verlieren.
Soll heißen: Pflücke den Tag und vertraue dem kunstvollen Gewebe von Inspiration und Imagination.
Nicht aber: Zerpflücke den Teppich, denn ansonsten fasert er auf, und dann trägt er nicht mehr, und noch weniger kann er je fliegen.
Also lasst uns einen tragfähigen Teppich knüpfen, lasst uns das Wagnis eingehen, uns ihm anzuvertrauen, auf dass er uns hinaustrage in die Lüfte, über den Horizont, jenseits der Begrenzungen und Beschwernisse des Alltags: jeden neuen Tag ins unbekannte Weite.

Was wir vom Elefanten lernen können

In den Siebzigern des letzten Jahrhunderts gab es eine recht populäre französische Filmkomödie mit dem verwirrenden deutschen Filmtitel: „Ein Elefant irrt sich gewaltig". Dieser Titel mutet umso seltsamer an, als in dem Film kein einziger Dickhäuter auftaucht.
Im Original hieß der Film: „Un éléphant, ça trompe énormément", zu übersetzen mit:
„Ein Elefant trompetet gewaltig", sinngemäß etwa: „Da macht einer enorm viel Wind", was in Bezug auf den Film schon eher passt. Bei der Übersetzung ins ins Deutsche wurde offenbar das reflexive Verb „se tromper" (sich irren) verwechselt mit „trompeten", und offensichtlich das Demonstrativpronomen „ça" (dieser/jener/welcher) fälschlich mit dem Reflexivpronomen „se" (sich) gleichgesetzt. Ergebnis: der völlig sinnfrei übersetzte deutsche Titel, s.o.

Doch was hat diese alte Kamelle mit dieser neuen Edition hier zu tun? Aus meiner Sicht genau dies:
„Es irrt der Mensch, solang er strebt", so spricht der Herrgott persönlich in Goethes *Faust*.
Mathias Claudius hingegen lässt im Kapitel 29 seines *Wandsbeker Boten* folgendes verlauten:
„Die Herren Menschen könnten von dem Elefanten etwas lernen…"
Ich teile diese Ansicht über dieses so sensible wie mächtig archaische Lebewesen (den Elefanten, nicht den „Herren Mensch", noch weniger den Herrenmenschen): Nicht von ungefähr ist der Elefant auch

ein Symbol für Kraft, für Sympathie, für Stärke, für Sensibilität, für Empathie, für Glück, für Weisheit, für Lebensfreude, für Treue, für Hoffnung, für ein legendäres Gedächtnis, für ein langes Leben. Der Elefant ist eine beeindruckende Projektionsfläche für die Sehnsüchte und Schwächen unserer menschlichen Existenz. In seine markante, manchmal bestürzend melancholische Physiognomie und in seine dicke runzlige Elefantenhaut sind die Furchen unseres irdischen Daseins eingeschrieben. Wie beim Menschen bildet ein funktionierender Sozialverband seine Existenzgrundlage, und das Individuum wandelt mit ähnlich langer Lebenszeit auf diesem geschundenen Planeten.

In ihrer ganzen Erdenschwere ist es diese prähistorisch anmutende Kreatur, bei deren Anblick unser Menschenleben mit all' seinen kleinen und großen Beschwernissen uns erträglicher erscheint. Der Elefant ist das fleischgewordene Paradoxon der Leichtigkeit des Lebens im Angesicht der Schwerkraft – zumindest als Möglichkeit.

Dafür lieben und verehren wir ihn. Denn wenn wir selbst dünnhäutig werden, wenn die Zumutungen unseres beschwerlichen Alltags scheinbar auf keine Kuhhaut mehr gehen, erinnern wir uns der dicken und doch so empfindsamen Haut des Elefanten. Und schon wird uns leichter ums Herz.

Umso mehr, wenn dieser so gewichtige Dickhäuter auf einem fliegenden Teppich hinauf in die Wolken entschwebt...

Wenn
man nicht bekommt was man wollte,
nennt man das Enttäuschung.

Wenn
man bekommt was man wollte, nennt man es
Erfolg.

Wenn
man beides bekommt, nennt man es Erfahrung.

Wenn
man bekommt was man nicht gewollt hat,
nennt man das Pech.

Wenn
man mehr bekommt, als man sich erhofft hat,
nennt man das Glück.

Alles zusammen nennt man:
das Leben.

| 2 |

unmenschliche Sünden oder Verbrechen verübt werden, dann fast immer im Namen Gottes, einer Ideologie oder einer Religion. Im Namen der Menschlichkeit hingegen werden schlimmstenfalls Unterlassungssünden begangen.

|3|

Wenn Du gerne wunschlos glücklich wärst, bedenke, dass Wünsche sich fast nie von selbst erfüllen, sich wohl aber stets von selbst erneuern.

|4|

Wenn man nach dem letzten Grund sucht, landet man oft genug am oder im Abgrund.

| 5 |

(Wenn) eine Seifenblase platzt, hat sich ihre Bestimmung auf perfekte Art erfüllt.

| 6 |

"§" Wenn wir versuchen, Andere zu ändern, dann nicht, weil sie uns wichtig wären, sondern weil sie uns zu *anders* sind.

| 7 |

Wenn wir schon so tun, als ob Zeit eine Ressource wäre – warum ist es dann die einzige, die wir behandeln, als sei sie knapp?

| 8 |

Wenn man mit den Erfahrungen von **vorgestern,** den Kenntnissen von **gestern,** dem Verständnis von **heute** und mit modernsten Mitteln die Probleme von **morgen** zu lösen versucht, nennt man das gemeinhin Fortschritt. Nimmt man dann noch Glauben und Ideologie hinzu, landet man ganz schnell wieder in der Steinzeit.

| 9 |

Wenn Dich etwas herunterzieht, bedenke den immerwährenden Auftrieb, den uns das lebendige Wasser schenkt.

| 10 |

Wenn jemand nicht wissen will, was in Anderen steckt, hat er womöglich Angst vor dem Inhalt. Oder Angst vor der eigenen Leere.

| 11 |

❓ Wenn jeder Mensch als Original zur Welt kommt, warum nur streben so viele danach, als schlechte Kopie von anderen zu enden?

| 12 |

Wenn man Ideen idealisiert, *huldigt man Idealen.*
Wenn man Menschen idealisiert, huldigt man Idolen.
Wenn man Ideologien idealisiert, huldigt man der Idiotie.

| 13 |

Wenn Erwartungen
enttäuscht werden,
ist die Enttäuschung schmerzlich.
**Wenn Enttäuschungen erwartet werden,
ist die Enttäuschung davon erfreulich.**
Erfreuen wir uns also an der
Erwartung kommender
Enttäuschungen!

| 14 |

#Wenn die **FREIHEIT**
gefährdet wird, dann
dadurch, dass Manche sich
Freiheiten herausnehmen.

| 15 |

>!< Wenn man die Dinge
zu sehr auf die Spitze treibt,
wird man gerne einmal davon
aufgespießt…

| 16 |

•| *Wenn es schwer fällt, etwas zu*
•| *beenden, ist es meist keine Lösung,*
statt dessen etwas anderes zu
beginnen|…

| 17 |

§§Wenn es einen natürlichen Anspruch auf Glück gäbe, müsste man ihn nicht in der Verfassung verankern.§§

| 18 |

Wenn jemand anfängt, seine Gefühle zu erklären, ist er meist besonders schwer zu verstehen.

| 19 |

Wenn Du denkst, Du kannst nicht mehr, kannst Du immerhin noch denken.

| 20 |

Wenn man die Jahre zählt, blickt man meistens zurück. Zählt man die Tage, schaut man eher nach vorn.
Wenn man die Stunden zählt, dann in Erwartung des Kommenden.
Wenn man die Minuten zählt, wird es meistens spannend.
Wenn man die Sekunden zählt, läuft schon der Countdown.
Wenn man ausgezählt ist, geht es zumindest nicht mehr abwärts.

| 21 |

~ Wenn man das Paradies gewinnen will, muss man auch bereit sein, dafür durch die Hölle zu gehen. ~

| 22 |

Wenn man einen Sieg rechtfertigen muss, hat man womöglich auf der falschen Seite gekämpft. Oder mit unlauteren Mitteln. Oder für die falsche Sache. Oder mit dem falschen Gegner.

| 23 |

Wenn wir jung sind, haben wir keine Vergangenheit. Wenn wir alt sind, haben wir keine Zukunft. Deshalb ist es immer klug, sich auf die Gegenwart zu konzentrieren |+|

| 24 |

>>**Wenn man sich noch daran erinnern kann, Dinge vergessen zu haben, ist es wahrscheinlich noch kein Alzheimer.** |<<

| 25 |

Wenn man einer Versuchung widerstehen will, nennt man sie teuflisch. Ist man ihr erlegen, nennt man sie himmlisch. Das Ganze nennt man menschlich.

| 26 |

Wenn
dieser Tag der letzte auf Erden wäre,
könnte er immer noch im Himmel enden.

| 27 |

Wenn Dein Leben einer ewigen Flaute gleicht, kommt Dir jeder Sturm gelegen. Selbst wenn Du dabei untergehst.

| 28 |

⇶Wenn man von Amors Pfeil getroffen werden will, empfiehlt es sich, gelegentlich etwas stillzuhalten.

| 29 |

"Wenn Worte
den Realitäten nicht gewachsen sind,
müssen wir uns darauf beschränken,
Fakten sprechen zu lassen."

| 30 |

Wenn überleben über dem Leben steht, bleibt das Leben unter seinen Möglichkeiten.

| 31 |

☙Wenn das höhere Leben einst dem Meer entstiegen ist, dann doch sicher nicht, damit der Mensch die Ozeane in eine Kloake verwandelt.

| 32 |

[+] Wenn Gott nur eine Idee ist, dann ist sie immer so gut oder so schlecht wie Diejenigen, die daran glauben.[-]

Wenn man einen Porzellanladen führt, fürchtet man sich leicht vor Dickhäutern.

Dabei trinken die gar nicht aus Tassen.

| 34 |

Wenn man die Wahl zwischen einem wertlosen Nichts und einem nutzlosen Etwas hat, bleibt einem nur der Wert des eigenen nützlichen Lebens.

| 35 |

Wenn es keine Wahrheit gibt, kann es auch keine Unwahrheit geben.
Aber: Wenn es keine Wahrheit mehr gibt, dann gibt es nur noch die Unwahrheit.

| 36 |

±|±Wenn Religion etwas braucht, dann ist es Barmherzigkeit. Denn Barmherzigkeit braucht keine Religion_xxx

| 37 |

"$"Wenn Symbole stärker werden als das, was sie verkörpern, ist das Stadium des Götzendienstes erreicht.

Wenn Falten und Runzeln eine Zumutung für unser Schönheitsempfinden sind, ist es nur folgerichtig, dass der Mensch dabei ist, die Elefanten auszurotten.

| 39 |

Wenn Du denkst, Intelligenz schütze davor, ein nützlicher Idiot zu sein, bist Du wahrscheinlich selbst einer.

| 40 |

Wenn man die Alternative hat zwischen einer verdienten Niederlage und einem geschenkten Sieg, werden nur Ehrlose sich auf die Gewinnerseite schlagen.

| 41 |

"Wenn man schon meint, ein Pferd von hinten her aufzäumen zu müssen, sollte es sich dabei wenigstens um ein Pferd handeln."

| 42 |

Wenn Zuversicht auf reinem Zweckoptimismus basiert, ist Vorsicht geboten.

| 43 |

„ Wenn man auf Tatsachen aus ist,
wird man Erklärungen finden.
Wenn man lediglich auf Erklärungen aus
ist, wird man sich womöglich genau
damit zufrieden geben. "

| 44 |

**Wenn man sich erst einmal verirrt hat,
können Ziele plötzlich sehr fragwürdig
werden.**

| 45 |

Wenn man sich mit Halbwahrheiten abspeisen lässt, braucht man sich nicht darüber zu beklagen, auch noch um die andere Hälfte betrogen zu werden.

| 46 |

Wenn man kein nützlicher Idiot mehr sein möchte, hat man immerhin die Wahl zwischen Idiotie und Nützlichkeit.

| 47 |

"Wenn zwei Einsame gemeinsam einsam sind, haben sie eine große Gemeinsamkeit: ihre doppelte Einsamkeit. Wenn das nicht gemein ist! "

| 48 |

°|Wenn man stets rückwärts gewandt ist, hat man jede Zukunft schon hinter sich<<<

| 49 |

Wenn man
Pläne erfolgreich verwirklichen will,
braucht man einen Plan.

| 50 |

W*nn ein Funke genügt, um ein Feuer zu entfachen, genügt auch ein Gedanke, um die Welt in Brand zu setzen õ

Wenn man seinen Denkapparat einmal in Gang gesetzt hat, will er ordentlich gepflegt und gewartet sein, damit er vernünftig funktioniert.

Auch darf man ihn nicht einrosten lassen oder überstrapazieren, damit er nicht streikt.

Deshalb verzichten viele von uns lieber ganz darauf, diese diffizile Apparatur zu aktivieren – auch aus Angst, sie womöglich nicht mehr abstellen zu können.

»Wenn wir die Welt weiterhin mit Füßen treten, brauchen wir nur darauf zu warten, dass sie uns zurück tritt ((((.

Wenn ein Sieg
sich wie eine Niederlage anfühlt, wird es Zeit, den Kampf in Frage zu stellen.

| 54 |

Wenn der Boden der Tatsachen hart genug ist, trägt er auch **schwerste Lasten.**

| 55 |

❗!Wenn Träume wahr werden können,
●gilt das ebenso für Alpträume!

| 56 |

∞ Wenn man die Dinge zu Ende denkt, kommt man irgendwann unweigerlich zu der Erkenntnis, dass es kein Ende gibt. Deshalb ist es fatal, damit aufzuhören...

| 57 |

$\underline{\Ps}\omega\varepsilon\eta\eta$ eine Fata Morgana lockt, wird die Wüste dadurch nicht weniger real.

| 58 |

~Y~ Wenn man stark genug ist,
um Andere ins Boot zu holen, kann man
mit vereinten Kräften weiter rudern. **~V~**

| 59 |

"Wenn Lügen kurze Beine haben, gehört
der kleinwüchsige Tausendfüßler zu den
am weitesten verbreiteten Spezies
weltweit."""""""

| 60 |

++Wenn sich alle Deine Wünsche erfüllen, wird sich Dein Leben gewiss unendlich bereichern: Um weitere Wünsche, Illusionen, Begehrlichkeiten und Enttäuschungen.~~

| 61 |

Wenn man zeitlebens versucht, ein Mensch zu werden, der man nicht sein kann, wird man zeitlebens ein Mensch sein, der man nie werden wollte.

*Wenn man weiß, wogegen man steht,
weiß man deshalb noch lange nicht,
wofür man steht.*

*Wenn man weiß, wofür man steht,
weiß man hingegen automatisch,
wogegen man steht.*

| 63 |

! Wenn man immer seinen Verlusten
 • nachweint, wird man vor lauter Tränen
nie seine Gewinne erkennen können.

| 64 |

"/Wenn jemand behauptet „untröstlich"
zu sein, handelt es sich nicht um einen
Trauerfall, sondern um ein Trauerspiel./"

| 65 |

Wenn ich das Schloss der Zeit öffnen
könnte, und alle Tage wären mein,
mit wem würde ich diesen unendlichen
Schatz teilen wollen?..

| 66 |

°‿° *Wenn man glaubt,*
endlich Altersweisheit erlangt zu haben,
ist es meistens nur die Gnade der
Vergesslichkeit.

| 67 |

Wenn Prasserei sich den Anstrich von Großzügigkeit gibt, ist sie besonders geschmacklos.

| 68 |

Wenn Du den schönsten Tag Deines Lebens herbeisehnst, bedenke, dass danach nur noch weniger schöne auf Dich warten werden.

| 69 |

*Wenn Lebensart eine Haltung ist,
wird sie zur Lebenskunst.
Wenn sie ein Manierismus ist,
wird sie zur Lächerlichkeit.*

| 70 |

Wenn Gedankenfreiheit gefordert wird, ist die Freiheit des Wortes gemeint.

| 71 |

Wenn aus
Geschichten
Geschichte wird, haben
Geschichten Geschichte geschrieben...

| 72 |

Wenn man es bei Licht betrachtet,
ist Enttäuschung doch eine der
erhellendsten Erfahrungen.

Wenn Du
alles Erdenkliche auf Erden
schon hättest, würde Dir
gewiss das Unerdenkliche
zu Deinem Glück fehlen.
Denn selbst wenn dieses
Erdenkliche das Glück
wäre, fehlte immer noch
das Unglück, um dieses
Glück als solches empfinden
und schätzen zu können.
Oh unglückselig fehlbarer
Mensch, der Du nach der
Glückseligkeit strebst!

| 74 |

{)(}Wenn es einen Menschen gibt auf der Welt, ohne den Du nicht sein kannst, dann bist das Du selbst. Wenn es noch solch einen Menschen gibt, bist Du entweder ein sehr glücklicher, oder aber ein sehr einsamer Mensch.

| 75 |

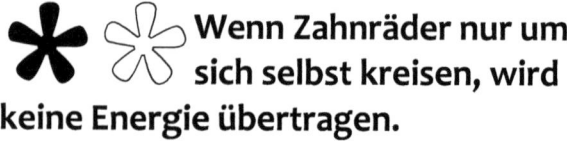Wenn Zahnräder nur um sich selbst kreisen, wird keine Energie übertragen.

Wenn Du glaubst,
es ist Liebe, prüfe sie mit dem Herzen.
Wenn Du hoffst,
es ist Liebe, prüfe sie mit dem Verstand.
Wenn Du weißt,
es ist Liebe, wirst Du sie nicht auf die Probe stellen.

(O) Wenn ich meinen Mittelpunkt gefunden habe, wirft mich auch die stärkste Gravitation nicht mehr aus der Bahn.

(°–°)Wenn Du Dich glücklich machen willst, erfreue Dich am Glück Anderer. Wenn Du Dich unglücklich machen willst, missgönne es ihnen.(ˉ'∼'ˉ)

Wenn man sich so richtig am Boden fühlt, ist man womöglich endlich auf dem Boden der Tatsachen angekommen.

| 80 |

**Wenn man eine Liebe zerstört,
kann dieses Verbrechen nur durch
Liebe gesühnt werden.**

| 81 |

"___Wenn man als Zweiter ins Ziel kommt,
hat man den Sieg zwar noch vor Augen,
aber die Niederlage bereits hinter sich...."

| 82 |

(./.)Wenn man nicht als hoffnungsloser Fall enden will, sollte man aufhören, sich falschen Hoffnungen hinzugeben( ).

| 83 |

|!| Wenn Du immer Pläne hast, bist Du wahrscheinlich erfolgreich im Pläne schmieden.
Wenn Du immer einen Plan hast, bist Du wahrscheinlich erfolgreich.

| 84 |

<u>≤+≥</u>Wenn die Weisheit der Klugheit die Hand reicht, gehen Vernunft und Weitblick Hand in Hand.<u>≤=≥</u>

| 85 |

**Wenn Du Ehrgeiz hast,
kannst Du viel erreichen.**

**Wenn der Ehrgeiz Dich hat,
kannst Du viel zerstören.**

Wenn Du keinen Ehrgeiz hast,
könntest Du alles erreichen –
wenn Du nur wolltest.

| 86 |

Ö Wenn man den Mund zu voll nimmt, droht immer Gesichtsverlust.
Denn entweder hat man schwer daran zu kauen und zu verdauen, oder man muss ein paar Brocken wieder von sich geben｜⊂:

| 87 |

[ ] Wenn die Anmaßung am Tisch sitzt, verdirbt das ebenso die guten Sitten wie den Appetit[.]

| 88 |

ˣˣWenn die Freiheit in die Mehrzahl gesetzt wird, verliert sie an Wert: Freiheiten gehen immer zu Lasten oder auf Kosten der Freiheit Anderer.ʸʸ

| 89 |

Wenn innere Haltung Substanz hat,
 wird sie bestehen.
Wenn sie Bestand hat,
 wird sie sich beweisen.
Wenn sie nichts davon hat,
 wird sich ihre Substanzlosigkeit
 unter Beweis stellen.

| 90 |

Wenn man zum Menschen vordringen will, hat man als Haustier die besten Chancen.

| 91 |

Wenn die Welt besser werden soll, sollte der Mensch endlich aufhören, sie verbessern zu wollen.

| 92 |

{#} Wenn man zu faul ist, um selbst zu denken, darf man sich nicht beschweren, wenn Andere sich eigene, andere Gedanken machen.

| 93 |

? Wenn ich meine Erwartungen enttäuscht sehe – wessen
● Erwartungen sind das dann, und wer hat wen worüber getäuscht?

Wenn man nur von Tag zu Tag lebt, kommt man der Zukunft kaum näher. Aber sich selbst.

| 95 |

❗Wenn man die Krone der Schöpfung
⬤ für sich beansprucht, darf man das
Zepter der Verantwortung nicht aus der
Hand geben[!☝!]

| 96 |

Wenn Moral und Anstand zum Luxus
geworden sind, verwundert es nicht, dass
offenbar immer weniger Leute ihn sich
leisten wollen…

| 97 |

Wenn man mit seiner Weisheit
am Ende ist, dann oft, weil man ohne sie
begonnen hat.

| 98 |

Wenn man immer Fernweh hat,
ist man wahrscheinlich heimatlos. Sonst
hätte man wenigstens ab und zu einmal
Heimweh.

| 99 |

:*:Wenn Beharrlichkeit zum Ziel führt, ist es ebenso gut möglich, dass man beharrlich die falschen Ziele verfolgt.:°:

| 100 |

(°~)Wenn es etwas gibt, das immer ungünstig ist, dann ist das zweifelsfrei die Missgunst.(.~.)

Wenn der Schlaf Dich flieht, kannst Du ihn nur erreichen, indem Du Dich von ihm einholen lässt.

| 102 |

Wenn die Ewigkeit eine menschliche Dimension wäre, bräuchten wir keinen Glauben daran.

| 103 |

+−Wenn Dich Dein schlimmster Tag ereilt, bedenke, dass nur durch ihn alle vorherigen Tage Deines Lebens besser sein werden. Ebenso wie alle, die womöglich noch vor Dir liegen.

| 104 |

|?| Wenn sich keiner für Dich interessiert, liegt das womöglich daran, dass sich heute anscheinend Jede(r) nur noch für sich interessiert. Du auch|?|

| 105 |

|>Wenn der Erfolg uns zerstört, hatten wir womöglich zu viel Glück. Wenn der Misserfolg es tut, hatten wir wahrscheinlich zu wenig.<|

| 106 |

Wenn ein Glas halb voll ist,
war es zuvor wahrscheinlich leer.
Wenn es hingegen halb leer ist, war es
zuvor wahrscheinlich voll.

| 107 |

*Wenn ein Schiff sinkt,
reißt sich keiner mehr
um den Platz auf der Kommandobrücke.*

| 108 |

./. Wenn man nichts mit sich anzufangen weiß, sollte man vielleicht einfach damit aufhören. .\.

| 109 |

"Wenn wir die Zukunft vorhersehen könnten, wären wir wohl achtsamer mit der Gegenwart."

| 110 |

(+!/-?)Wenn wir alle Tage, die wir als verlorene empfinden, noch einmal geschenkt bekämen – würden wir sie wohl besser zu nutzen verstehen?

| 111 |

!W!enn man sich mit vergangenen Niederlagen belastet, wird es immer schwerer, irgendwann den Sieg davon zu tragen.

| 112 |

! **Wenn es Dir Mühe bereitet, nichts zu tun, dann streng' Dich gefälligst mehr an!**

| 113 |

>Wenn man nach der Unendlichkeit strebt, wird man bei der Beschränktheit enden. Wenn man seine Beschränktheit erkennt, ist man schon unendlich weiter<.

| 114 |

Wenn Du das Erwartbare erwartest,
wirst Du selten enttäuscht werden.
Wenn Du das Unerwartete erwartest,
wirst Du Dich oft langweilen.
Wenn Du gar nichts erwartest, wirst
du fast immer überrascht werden.

| 115 |

|>Wenn jeder macht, was er will, machen in Wirklichkeit Alle, was keiner wirklich wollen kann<|

| 116 |

Wenn ein Bild mehr sagt als tausend Worte, macht es uns oft sprachlos.

| 117 |

Wenn man die Weisheit trotz der Erkenntnis ihrer Unerreichbarkeit erstrebt, hat man bereits ein wesentliches Stück von ihr erlangt…

Wenn Du glaubst, Herrscher der Materie zu sein, vergiss nie, dass Du nur ein Teil dieser Materie bist.

| 119 |

Wenn man spielt, um zu gewinnen, riskiert man den Verlust. 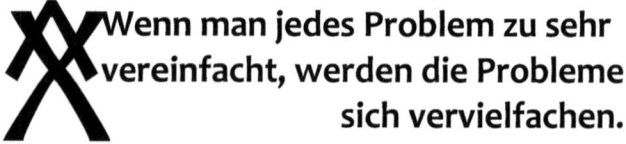 Wenn man spielt, um zu spielen, riskiert man alles – bis auf den Spaß am Spiel.

| 120 |

Wenn man jedes Problem zu sehr vereinfacht, werden die Probleme sich vervielfachen.

| 121 |

**✝ Wenn die Hoffnung zuletzt stirbt,
ist sie doch die erste, die wieder
aufersteht.**

| 122 |

Wenn Du Gewissheit suchst,
wirst Du stets nur den
Glauben finden.
Wenn Du den Glauben gefunden
hast, wirst Du glauben,
Gewissheit gefunden zu haben.
Gewiss ein Trost.

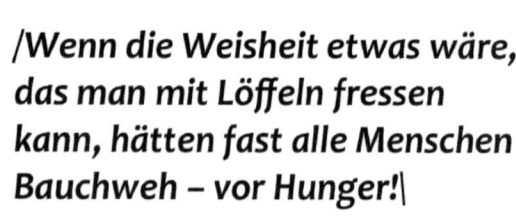

/Wenn die Weisheit etwas wäre, das man mit Löffeln fressen kann, hätten fast alle Menschen Bauchweh – vor Hunger!\

| 124 |

Wenn Sprache instrumentalisiert wird, ist es besonders wichtig, auf die Zwischentöne zu achten.

| 125 |

Wenn die letzte Strophe erklingt, muss es nicht zwangsläufig die Katastrophe sein.

| 126 |

XY= *Wenn Logik zynisch erscheint, dann ist das nicht der Logik anzulasten, sondern möglichen Schlussfolgerungen.*

| 127 |

|Wenn| man sonst nichts hat, was einem Halt gibt, klammert man sich gerne einmal an seine Misere.

| 128 |

Wenn man danach strebt, kontinuierlich mit etwas erfolgreich zu sein, dann bietet der Misserfolg dafür die besten Aussichten...

| 129 |

Wenn es ein menschliches Maß gibt, an dem man sich ausrichten sollte, dann ist es die Humanität.

| 130 |

Wenn du jagst, respektiere die Beute.
Wenn Du kämpfst, respektiere den Gegner.
Wenn Du liebst, respektiere die Seele.
Wenn Du tötest, respektiere das Leben.
Wenn Du stirbst, umarme den Tod.

| 131 |

△ Wenn Weisheiten Dich nicht mehr zufrieden stellen, bist Du auf dem Pfad der Weisheit. △

| 132 |

WENN Jede(r) seines/ihres Glückes Schmied(in) sein soll, verwundert es nicht, dass diese Profession mittlerweile so gut wie ausgestorben ist.

| 133 |

Wenn man nicht bei sich ist,
kann man auch nicht bei Anderen sein.

| 134 |

|Y̲|Wenn man nicht in den Herzen der Menschen weiterlebt, nützt auch das schönste Staatsbegräbnis nichts.

| 135 |

|:Wenn Gebete erhört werden, ist das ein Wunder. Wenn nicht, ist es oftmals eine Gnade:|

| 136 |

X*Y Wenn ein Mann weiß, was er will, hat er gute Chancen, eine Frau zu finden, die ihn will.

| 137 |

~~Wenn man Hilfe zurückweist, weil man lieber weiter auf Rettung hofft, ist man ein hoffnungsloser Fall.~~

| 138 |

§Wenn man die Gerechtigkeit liebt, ist es ein wichtiger Unterschied, ob man es um ihrer oder um seiner selbst Willen tut.§§

| 139 |

Wenn mit zweierlei Maß gemessen wird, ist der Rest zwangsläufig auch einerlei...

| 140 |

Wenn man sich auf den gesunden Menschenverstand berufen muss, hat der ungesunde meist schon die Oberhand.

| 141 |

Wenn man sich stets seine eigene Wahrheit definiert, kann man guten Gewissens behaupten, niemals die Unwahrheit zu sagen.

| 142 |

?Wenn der Zufall zuschlägt, dann trifft er uns aus heiterem Himmel, also unvorbereitet.

Wenn uns die Vorsehung ereilt, dann nicht, weil wir es vorhergesehen hätten. Sie tritt also ebenfalls für uns unvorhersehbar ein. Wo ist demnach der Unterschied?

| 143 |

|**Wenn Du denkst, es genügt, alles richtig zu machen, hast Du schon Deinen ersten Fehler gemacht.**|

| 144 |

Wenn der Narr auf der Bühne steht, ist es eine Komödie.
Wenn die Narren im Publikum sitzen, ist es eine Farce. Wenn Narren bestimmen, was auf die Bühne kommt, ist es eine Tragödie.

| 145 |

Wenn man sich schon mit Halbwahrheiten abspeisen lässt, sollte man sich nicht auch noch die Rechnung für die volle Zeche unterjubeln lassen.

Wenn wir die Welt
von all' der menschen-
gemachten Scheiße befreien
wollen, gibt es nur ein
einziges Heilmittel:
sofortige Einstellung
jeder Ernährung für alle!

| 147 |

Wenn *Halbwahrheiten inflationär werden, schlägt die Stunde der Wahrheit.*$^{\$\$}$

| 148 |

Wenn Du es geschafft hast, ist das ein grandioses Gefühl. Womöglich aber auch ein grandioser Irrtum.

Wenn Du der Göttin der Liebe huldigst,

solltest Du auch bereit sein,
ihr Opfer darzubringen ...

| 150 |

Wenn man zu viel will vom Leben, wird man es nur schwerlich erreichen. Will man jedoch zu wenig, wird man womöglich auch das Wenige nicht erlangen.

| 151 |

Wenn man den Frieden erringen will, muss man zuerst den Gegner in sich selbst bezwingen.

| 152 |

Wenn der Lebensmut stark genug ist, kann man dem Leben todesmutig ins Auge schauen. Wenn nicht, kann man lebensmüde die Augen schließen.

| 153 |

Wenn man einem schrottreifen Seelenverkäufer einen neuen Anstrich verpasst, wird er dadurch nicht seetüchtiger.

| 154 |

Wenn man im Licht wandelt, wird man nicht so sehr nach Erleuchtung streben, wie wenn man von Dunkelheit umfangen ist.

| 155 |

1=1 Wenn man glaubt, nichts falsch machen zu können, mag es trotzdem ein Fehler sein, etwas zu tun. X! Wenn man nichts richtig machen kann, ist es auf jeden Fall richtig, nichts zu tun.

| 156 |

[*] Wenn der Schatz der Erinnerungen glänzt, ist er eine der schönsten Grabbeigaben für ein erfülltes Leben[*]

| 157 |

!i Wenn Du schon mit einem Bein im Grab stehst, dann hoffentlich mit der Beinprothese!

| 158 |

Wenn Recht und Gesetz für Alle gleich sein sollen, wäre es dann nicht besser, Justitia endlich die Augenbinde abzunehmen? Oder besser doch gleich die Waage.

| 159 |

Wenn man zurück blickt, ist es unerheblich, welche Irrwege man gegangen ist. Denn sie alle addieren sich zu dem einen Weg, der zum aktuellen Standort geführt hat.

Wenn man aus jeder Mücke einen Elefanten macht, hilft kein noch so starkes Insektenspray.

| 161 |

Wenn man es im Zweifelsfall nicht schafft, entschieden „Nein" zu sagen, wird man irgendwann zu allem „Ja und Amen" sagen müssen."

| 162 |

Wenn die Liebe Dir begegnet, nimmt sie Dich gefangen.
Wenn sie Dich verlässt, kannst Du sie nicht halten.

| 163 |

WENN die Antriebskraft fehlt, ist das Leben ein schleichender Prozess.

| 164 |

„Wenn man zeigen will, was wirklich in einem steckt, braucht es eine geeignete Projektionsfläche."

| 165 |

Wenn gute Gedanken gedeihen sollen, brauchen sie fruchtbaren Boden. Schlechte Gedanken hingegen gedeihen auf schlechten Böden besonders gut.

| 166 |

//Wenn man seinen Stil einmal gefunden hat, besteht die Kunst darin, ihn stets stilsicher zu variieren.\\

| 167 |

Wenn man ein Haus hat, ist das noch kein Heim. Wenn man ein Obdach hat, ist das noch kein Zuhause. Wenn man eine Heimat hat, ist das noch keine Zuflucht. Wenn man die Welt in sich trägt, kann man sich überall heimisch fühlen, wo man willkommen ist.

| 168 |

Wenn man mit Gewalt die Welt retten will, läuft das letzten Endes fast immer auf irgendeine Art der Sterbehilfe hinaus.

| 169 |

Wenn man einen klugen Gedanken gut verstecken will, dann am besten in einem schlechten Buch. Ebenso wird man in einem guten Buch keinen schlechten Gedanken vermuten.

| 170 |

Wenn man eine Chance ungenutzt vorbei gehen lässt, bleibt sie womöglich jungfräulich – aber nicht zwangsläufig unfruchtbar.

| 171 |

?! Wenn jemand das Richtige sagt oder tut, sagt das noch nichts über die Wahrhaftigkeit seiner Motive aus.

| 172 |

Wenn das Individuum seine *Identität* behalten will, darf es sich seine *Individualität* nicht nehmen lassen.

| 173 |

B|ẞWenn man aus Unzufriedenheit beginnt, Vergleiche zwischen sich und Anderen zu ziehen, zieht man letztlich immer den Kürzeren.

| 174 |

\\Wenn / die Weisheit / etwas ist, / das man / mit Löffeln / fressen kann, / hat der liebe Gott / den meisten Menschen / allenfalls Stäbchen / mitgegeben. \\

| 175 |

|?/ *Wenn Gewohnheiten abzulegen schon so schwierig ist, warum nur fällt es uns gerade bei schlechten Gewohnheiten noch so viel schwerer |?/*

| 176 |

...Wenn das Gute so nah liegt, ist es naheliegend, das Bessere in der Ferne zu suchen.

| 177 |

Wenn die Weisheit am Ende ist, wird das gerne als der „Weisheit letzter Schluss" verkauft.

| 178 |

Wenn man Fernweh hat, ist das oft so etwas wie Heimweh nach der Ferne.

| 179 |

ō!O *Wenn jemand Gespräche oder Verhandlungen „auf Augenhöhe" fordert, dann doch fast immer deshalb, weil dieser Jemand sich aktuell auf Hühneraugenhöhe befindet!*

| 180 |

[*\ ..]Wenn man unter seinen Möglichkeiten bleibt, geschieht das entweder aus Unkenntnis, Unfähigkeit, Faulheit, Bescheidenheit, oder auch auf Grund widriger Umstände.
Oder einfach nur aus Klugheit.

Wenn jede Putzkraft genug verdienen würde, um sich eine eigene Putzkraft leisten zu können, wäre der Kapitalismus ganz schnell blank.

Bis dahin arbeitet er selbst mit Hochdruck an seinem betrügerischen Bankrott.

| 182 |

!Wenn man ein Monopol brechen will, braucht man ein überzeugenderes Angebot.

| 183 |

Wenn eine Tat oder eine Tatsache gar nicht erst benannt oder bekannt wird, kann sie ebenso gut auch nicht geschehen sein. Umgekehrt spielt es keine Rolle, ob sie je existiert hat: wenn sie erst einmal benannt oder bekannt ist, wird sie nie wieder aus der Welt zu schaffen sein.

| 184 |

Wenn man keine Perspektive mehr sieht, hilft es manchmal, den Standort zu wechseln. Oder einfach nur: die Augen zu öffnen.

| 185 |

Wenn eine Chance ungenutzt bleibt, muss es keine vertane Chance sein: *Denn auch ein untätig verbrachter Tag muss kein verlorener Tag sein.*

| 186 |

Wenn man eine Urne füllt, ist man entweder wahlberechtigt, tot, oder Leichenbestatter. Wenn man eine Urne leert, ist man entweder Wahlhelfer, Archäologe oder Grabschänder.

| 187 |

Wenn man einen Alptraum hat, wünscht man sich, aufzuwachen. Wenn man einen Alptraum erlebt, wünscht man sich, zu träumen. Wenn also schon Alpträume, dann bitte möglichst nur als Traum im Traum!

| 188 |

♯ Wenn die Qual der Wahl sich nur auf die Wahl zwischen verschiedenen Qualen bezieht, hat diese Wahl eine besonders perfide Qualität.

| 189 |

Wenn die Macht der Sprache nur mehr als Sprache der Macht missbraucht wird, ist es an der Zeit, den Mächtigen zu widersprechen.

| 190 |

Wenn man die Mächtigen daran hindern will, ihre Macht zu missbrauchen, muss man genau das tun!

| 191 |

Wenn unsere Heimat ein Ort der Kultur sein soll, müssen wir ihr dort eine Heimat bieten.

| 192 |

192 Wenn zwei auf dem selben Weg sind, bedeutet das noch lange nicht, dass sie auch das selbe Ziel verfolgen...

| 193 |

193 Wenn man seinen Kopf ausschaltet, neigt man dazu, seinen Allerwertesten zu riskieren.

Wenn der Schrei nach Freiheit sich auf die Freiheit von Verantwortung, Wahrheit und Menschlichkeit bezieht, rufen wir nach der Diktatur.

| 195 |

Wenn man Andere versklavt, ist das ein Verbrechen.
Wenn man sich selbst versklavt, ist das ein Verbrechen an sich selbst.
Wenn man sich selbst versklaven lässt, ist das mindestens Duldung, Begünstigung oder gar Herbeiführung eines doppelten Verbrechens.

| 196 |

"\Wenn man es mit einem Angstbeißer zu tun hat, kann man ihm die Angst nicht nehmen. Wohl aber die Beißer.

| 197 |

^Wenn man Luftschlösser baut,
braucht es ein fantasievolles
|Fundament.|

| 198 |

*(@)! Wenn Du etwas Verrücktes tust,
wirfst Du einen Stein in die abgestandene
Brühe der Normalität.*

| 199 |

[!]Wenn man von der Realität eingeholt
wurde, dann muss man ihr zuvor auf
irgendeine Art voraus gewesen sein –
und sei es auf der Flucht vor ihr.

| 200 |

Wenn Worte
die Fantasie beflügeln,
füllen sie Bücher und Bibliotheken.
Wenn sie Kraft entfalten,
erfüllen sie unsere Seelen.
Wenn sie Macht entfalten,
füllen sie die Geschichtsbücher.

| 201 |

Wenn *die Menschheit nie aufhört*, Kriege zu führen, dann vielleicht deshalb, weil der Tod aus uns allen bessere Menschen macht??

| 202 |

Wenn einem dauernd Steine in den Weg gelegt werden, hat man wenigstens prima Wurfgeschosse zur Hand.*

| 203 |

! Wenn man überschätzt wird, ist es ein Leichtes, die Erwartungen seiner Zeitgenossen zu enttäuschen.
|!| *Wenn man unterschätzt wird, ist es ein Vergnügen.*

| 204 |

--> **?** Wenn man gerade dabei ist, sich von der schmerzvollen Wunde zu erholen, die einem Amors Pfeil beigebracht hat, vergisst man leicht, wie sehr man sich einst danach sehnte, von eben diesem Pfeil getroffen zu werden.

| 205 |

)|(Wenn die Aufforderung ergeht, *"den Gürtel enger zu schnallen"*, dann doch meist von Leuten, die selbst jedes Maß verloren haben.

| 206 |

^§^Wenn die Mühlen der Gerechtigkeit auch mahlen mögen, so ist es dennoch stets angezeigt zu schauen, wem diese Mühlen gehören, wer ihre Müller sind, und wessen Korn sie mahlen...

Wenn man sich selbst gefunden hat,
ist es auch leichter,
Andere zu entdecken.

| 208 |

Wenn man Neuland entdeckt zu haben glaubt, ist man in Wirklichkeit vielleicht nur im Kreis gefahren.

| 209 |

Wenn Alle aufs Hochseil wollen, reißt es irgendwann. Wenn dann Alle ins Netz stürzen, reißt es ebenfalls.

| 210 |

!. *Wenn einem Patronenfüller die*
... *Munition ausgeht, kann er nicht einmal mehr seine Kündigung schreiben – geschweige, sich die Kugel geben.*
Allenfalls mit dem Kugelschreiber...

| 211 |

< **ä** > Wenn die Altersschwäche uns an gewissen Dingen zu hindern beginnt, wird sie auch gerne als Altersweisheit ausgegeben.

| 212 |

Wenn man den Tod besiegen will, muss man sein Leben in dem Bewusstsein führen, dass er am Ende immer gewinnt.

| 213 |

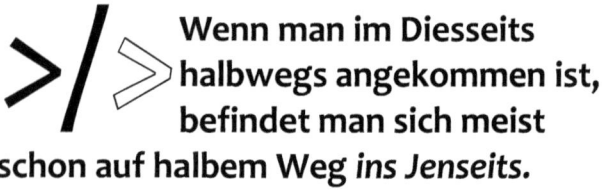

Wenn man im Diesseits halbwegs angekommen ist, befindet man sich meist schon auf halbem Weg *ins Jenseits.*

| 214 |

[#] Wenn man mit den eigenen Händen etwas aufgebaut hat, kann es durchaus passieren, dass man sich in einem eigenhändig errichteten Gefängnis wiederfindet.

| 215 |

{ö} Wenn man sich selbst noch überraschen kann, sollten das nach Möglichkeit schöne Überraschungen sein.

| 216 |

Wenn man glaubt, das Schönste noch vor sich zu haben, hat man entweder noch nicht viel Schönes erlebt, oder man hofft, das Schlimmste schon hinter sich zu haben.

| 217 |

Wenn der Mensch, ohne den Du nicht leben kannst, nicht sein Leben mit Dir teilen kann oder will, kannst Du immer noch einen finden, mit dem Du leben kannst.

| 218 |

<:|:> Wenn man die Dinge vom Ende her überdenkt, ist das meist ein guter Anfang.

| 219 |

*\ ❃Wenn man jeden Tag so lebt, als sei es der letzte, wird man sich wahrscheinlich wünschen, noch tausende gleichartiger Tage vor sich zu haben.

| 220 |

Wenn man sein Licht unter den Scheffel stellt, ist es wenigstens unter dem Scheffel hell.

| 221 |

Wenn die Augen der Spiegel der Seele sind, sollte man öfter hineinschauen.

| 222 |

Wenn die Wahrnehmung die Realität bestimmt, wird die Wahrheit irreal.

| 223 |

*W*enn man seine Träume auslebt, ist das die kreativste Art, sie zu zerstören.

| 224 |

[...>]Wenn die Menschen zu sehr abgestumpft sind, braucht es gewisse Zuspitzungen, um sie aufzuwecken.

| 225 |

!/_Wenn man schon meint, sich auf Kosten von Minderheiten lustig machen zu müssen, dann sollte man zumindest selbst der betreffenden Minderheit angehören.

| 226 |

(*) Wenn die Sehnsucht nach Erlösung übermächtig wird, orientiert man sich weniger an der Realität als an der Illusion.

| 227 |

Wenn man in einer zunehmend anonymer und uniformer werdenden Welt sein Selbst verteidigt, gilt der Notwehr-Paragraf im Sinne der Selbstverteidigung.

| 228 |

‹Wenn wir erst die grandiosen Aussichten einer höheren Warte kennen lernen durften, erscheinen uns die Perspektiven im finsteren Tal wenig aussichtsreich.›

| 229 |

Wenn Manche überzeugt sind, nie etwas falsch machen zu können, gehören sie tatsächlich oft zu denen, die nie etwas richtig machen können – noch nicht einmal das Falsche.

| 230 |

Wenn jemand anfängt, seine Gefühle zu erklären, dann oft, weil er sie sich selbst nicht erklären kann.

| 231 |

Wenn Dich die Reue plagt, bedenke, dass sie in der „Untreue" ebenso enthalten ist wie in der „Treue".

| 232 |

.%/Wenn man mit Wasserluftballons wirft, ist man deshalb noch lange kein Wasserwerfer.

| 233 |

o]ø/Wenn man Gleichheit mit Identität verwechselt, läuft man Gefahr, unterschiedliche Dinge in denselben Topf zu werfen.

| 234 |

)! Wenn das Scherzhafte zu herzhaft wird, wird es leicht einmal etwas schmerzhaft.

| 235 |

|°| Wenn Identität zum Maßstab für Alle erhoben wird, bedeutet das die Gleichschaltung des Individuums|.|

| 236 |

Wenn so genannte Vordenker laut vordenken, wären sie manches Mal gut beraten, vorher leise nachzudenken!!

| 237 |

o˙o Wenn die Realität
i̲   die Wahrnehmung bestimmt,
nähern wir uns der Wahrheit.

| 238 |

Wenn Du eine aufrichtige Einschätzung Anderer über Dich erfahren willst, belausche Deine Gegner und Widersacher, aber frage nicht Deine Freunde und Verbündeten!

| 239 |

Wenn allein die Aufforderung zum Nachdenken schon als Zumutung gilt, haben die falschen Vordenker bereits ganze Arbeit geleistet.

| 240 |

~¥~ Wenn „das Boot voll" ist,
dann meist von Möchtegern-Kapitänen, die vor Angst eingenässt haben und sich deshalb fürchten, nasse Füße zu bekommen.

| 241 |

<-> Wenn jemand die Fähigkeit hat, ein guter Verlierer zu sein, kann sich das auch zur schlechten Gewohnheit entwickeln.

| 243 |

1! *Wenn Du zu verlieren gewohnt bist, kann der erste Sieg Dich endgültig erledigen.*

| 244 |

)!(**Wenn der Zweck jedes Mittel heiligt, sollte man sich fragen, wer den Zweck abgesegnet hat.**

| 245 |

[*]Wenn von „Wiedergutmachung"
die Rede ist, steht das fast immer im
Zusammenhang mit einer vorherigen
Mobilmachung.

| 246 |

}°{ Wenn es gilt, Zeit zu gewinnen,
geht es meist weniger ums
Gewinnen, als um Schadensbegrenzung.

| 247 |

Wenn wir keine Entscheidungen treffen, werden wir von Entscheidungen getroffen.
Wenn wir die falschen Entscheidungen treffen, werden wir womöglich von deren Folgen betroffen.
Wenn wir die richtigen Entscheidungen getroffen haben, trifft uns zumindest keine Schuld.

| 248 |

Wenn der Boden der Tatsachen zu hart ist, kann man sich nicht erlauben, zu stürzen.

| 249 |

[#] Wenn man sich unfrei fühlt, stellt sich die Frage, welchen Freiheitsgrad man auszuhalten bereit ist.

| 250 |

~W~ enn besonders nachdrücklich darauf verwiesen wird, dass „doch alle im selben Boot sitzen", dann notorisch von denen, die das Steuer in der Hand halten.

| 251 |

?][! Wenn man sich falsche Hoffnungen macht, dann wahrscheinlich aus Mangel an echter Hoffnung.

| 252 |

Wenn das Leben zum Selbstzweck wird, bleibt es womöglich unter seinen Möglichkeiten. Wenn das Selbst zum Lebenszweck wird, bleibt es ganz sicher unter seinen Möglichkeiten.

| 253 |

!?! Wenn man die Wahrheit sucht,
dann auch auf die Gefahr hin,
sie nicht gut zu finden.

| 254 |

/Wenn die euphorische Phase des
Aufbruchs erst vorbei ist, wird wieder mit aller Kraft am Zusammenbruch gearbeitet.\...

| 255 |

•⎫Wenn man etwas aus der
•⎭Vergangenheit lernen kann, dann ist es etwas über die Vergangenheit.
⎫> Wenn man daraus etwas für die
⎭ Zukunft lernen will, dann muss man vor allem auch die Gegenwart betrachten{:|

| 256 |

„Wenn Du Gewissheit brauchst, hinterfrage Dich!"
??Wenn Du Gewissheit hast, hinterfrage sie!"

| 257 |

Wenn Dir der Mut zur Freiheit fehlt, ist das die Saat für den Mut der Verzweiflung.

| 258 |

--->[Wenn man offene Türen einrennt, muss man besonders aufpassen, dass man nicht ins Leere läuft...

| 259 |

}Z{ Wenn man seines Glückes Schmied sein will, braucht man dazu meist die Unterstützung Anderer.
Sein Unglück kann man hingegen oft ganz ohne fremde Hilfe schmieden.

| 260 |

•! Wenn die Qual der Wahl überwiegt, ,• kann man sich glücklich schätzen, bei der Wahl der Qual wählerisch sein zu können – besonders, wenn es sich um eine freie demokratische Wahl handelt.

| 261 |

(.?)Wenn die Sinnsuche zum Selbstzweck wird, bleibt der Sinn dieser Suche auf der Strecke.

| 262 |

Wenn Würde eine Bürde wäre, würden Würdenträger zu Bürdenträgern.
Wenn hingegen Bürde eine Würde wäre, würde es fast nur noch Würdenträger geben.
Was würde dann wohl aus den bisherigen Würdenträgern werden?

| 263 |

'Wenn vor fremden Türen gekehrt wird, wirbelt das gemeinhin mehr Staub auf als der Dreck, der vor der eigenen liegt.*

| 264 |

>Î< Wenn Machtanspruch verdient ist, dann zuerst auf Grund des Anspruchs, verliehene Macht niemals zu missbrauchen.

| 265 |

§&! Wenn Klugheit und Stärke sich verbünden, kann Großes entstehen. Wenn sie sich bekriegen, wird bestenfalls das Mittelmaß obsiegen.

| 266 |

(◯) Wenn die Weisheit den Thron inne hat, sind Klugheit, Bescheidenheit und Gerechtigkeit ihre einflussreichsten Beisitzer.

| 267 |

Wenn die Fakten zu hart sind, könnten sie leicht auch den Boden der Tatsachen durchschlagen.

| 268 |

<|Wenn man vielen Herren dienen will, muss man vor allem sich selbst treu bleiben.|>

| 269 |

! Wenn man von Anderen eingeschränkt wird, ist das eine Zumutung.

Wenn man sich selbst einschränken kann, ist das eine Kunst.

| 270 |

✗ Wenn die Wahrheit diffamiert wird, dann stets von Leuten, die ihre eigenen Fakten schaffen wollen.

| 271 |

>|<Wenn eine Freundschaft in gemeinschaftlicher Feindschaft gründet, ist der Keim gegenseitiger Feindschaft bereits gelegt.

| 272 |

Wenn man glaubt, das Schlimmste bereits hinter sich zu haben, wird dieser schöne Glaube leider allzu oft bald auf die Probe gestellt.

| 273 |

Wenn der Geist Geld generieren kann, warum kann das Geld meist nur den Ungeist generieren?

| 274 |

Wenn wir unerfüllte Wünsche mit uns herumtragen, können sie ebenso gut Ballast wie Antrieb sein.

!*} Wenn ein Feuerwehrmann ein Burn-out erleidet, kann er nicht mehr mit Feuer und Flamme seinen Mann stehen.

W€nn man Geld in die Hand nimmt, kann man viel bewegen.
Wenn man kein Geld in die Hand nehmen kann, muss man selbst beweglich sein.

| 277 |

// Wenn man den zweiten Schritt vor dem ersten tut, ist man sich selbst einen Schritt voraus – meist auf dem Weg ins Verderben.|\

| 278 |

<#> Wenn das missgünstige Stiefgeschwister des Geizes „Neid" heißt, hat man es mit einer hoffnungslos zerrütteten Patchwork-familie zu tun.

| 279 |

<?>Wenn man nach dem Sinn des Lebens fragt, kann man ebenso gut nach dem Sinn dieser Frage fragen<.>

| 280 |

[?} Wenn Sinnlosigkeit für uns leichter auszuhalten wäre, würden die Menschen wohl ihre unsinnigen Versuche einstellen, scheinbar sinnvolle Zusammenhänge oder Gegebenheiten herstellen oder herleiten zu wollen, selbst da, wo es, entgegen jeder Logik und Anstrengung, einfach sinnlos ist.

| 281 |

Wenn gesunder Menschenverstand am dringendsten gefordert wäre, ist er meistens gerade nicht besonders gefragt.

| 282 |

Wenn man unbequeme Wahrheiten ausblendet, werden sie nicht weniger wahr, dafür aber bald deutlich unbequemer.

| 283 |

Wenn jemand „die Weisheit mit Löffeln gefressen" hat, ist meistens nicht mehr viel davon übrig.

| 284 |

Wenn Dir Dein Ego im Weg steht im Leben, ist es entweder zu groß oder zu klein: Wenn es zu groß ist, kommst Du nicht daran vorbei, wenn es zu klein ist, wirst Du darüber stolpern.

| 285 |

Wenn man sich auf den gesunden Menschenverstand verlässt, unterschätzt man den menschlichen Unverstand.

| 286 |

<+/->Wenn Du nicht die Freiheit hast, auf etwas zu verzichten, dann nimm' sie Dir!

| 287 |

Wenn man zeigt, was wirklich in einem steckt, will das nicht immer jemand wissen.
Wenn man weiß, was wirklich in einem steckt, will man das nicht immer jedem zeigen.
Wenn jemand zeigt, was wirklich in ihm steckt, wird er nie wieder die Person sein, die man zuvor zu kennen glaubte.

| 288 |

Wenn das EGO nicht mehr den größten Stellenwert hat, ist das ein Zeichen, dass man sich selbst gefunden hat.
Oder man war nie gezwungen zu suchen.

| 289 |

Wenn man gegen etwas kämpfen will,
genügt schon ein Feindbild.
Wenn man für etwas kämpfen will,
braucht es eine Zielvorstellung.

*Leider sind Feindbilder den Meisten
Leichter zu vermitteln als
Zielvorstellungen.*

| 290 |

**!!!!! Wenn die KLEINSCHREIBUNG
groß geschrieben wird, schreibt
man "großschreibung" klein.**

| 291 |

(✘) Wenn die Leidenschaft Leiden schafft, wird die Leidenschaft in Mitleidenschaft gezogen.

| 292 |

Wenn man etwas zu genießen versteht, wird man das Übermaß meiden.
✵ Wenn nicht, sollte man besser den Genuss meiden.

| 293 |

++>Wenn Wohlstand mit Stil und Anstand einher geht, ist er oft wohltuend oder auch wohltätig.
Wenn nicht, ist er fast immer eine Zumutung.<- -

| 294 |

!.Wenn wir den Menschen betrachten, erscheint er uns als Wunder.
!.Wenn wir bestimmte Menschen betrachten, erscheinen sie uns als Ungeheuer.
;°;;Wenn wir die Menschheit betrachten, erscheint sie uns als Monströsität.

| 295 |

Wenn es um die Liebe geht, werden Viele tierlieb: sie freuen sich über Schmetterlinge im Bauch, und haben auch kein Problem damit, Frösche zu küssen oder Kröten zu schlucken.

| 296 |

Wenn der Verstand aussetzt, ist das noch lange kein Liebesbeweis, sondern der Beweis mangelnder Selbstbeherrschung.

Wenn Du Dich fragst,

ob Du den Partner oder die Partnerin hast,
den oder die Du verdienst, gibt es nur
einen Menschen auf der Welt,
der diese Frage beantworten kann.

x/Y__Wenn man zwischen Macht und Autorität nicht unterscheiden kann, kennt man wahrscheinlich auch nicht den Unterschied zwischen Sex und Liebe.

~*W*enn man sich frei fühlt, ist das Maß der objektiven Unfreiheit zweitrangig. Und umgekehrt.

| 300 |

Wenn Du Dein Herz an Dinge hängst,
geht es mit diesen Dingen kaputt.

Wenn Du Dein Herz an Menschen hängst,
wird es am Menschen zerbrechen.

Wenn Du Dein Herz ans Leben hängst,
wird es mit diesem gedeihen und vergehen.

Also befreie Dein Herz
von den Fesseln Deines Denkens,
Deiner Wünsche, Deiner Erwartungen,
Deiner Ziele, und schenke ihm die
Freiheit des Universums.

| 301 |

+ >− Wenn der Mensch versucht, „ein besserer Mensch" zu werden, ist das etwa so überzeugend wie ein Aasfresser, der versucht, ein besserer Vegetarier zu werden.

| 302 |

O~C |Wenn Ketten das einzige sind, was der Sklave am Leibe trägt, wird er sie gegen jede Form der Freiheit verteidigen.

| 303 |

Wenn ich Dir Zeit schenke, schenke ich Dir einen Teil meines Lebens...

| 304 |

Wenn unser Leben
auch nirgendwo hin
zu führen scheint –
es führt uns doch immer
durch die Zeit.

| 305 |

{ö} Wenn man durch den Altersvorsprung ins Hintertreffen gerät, beginnt man alt zu werden.

| 306 |

Wenn man auch niemandem mehr etwas beweisen muss, so muss man doch genau dies immer wieder sich selbst beweisen.

| 307 |

≠ Wenn Überzeugung ein Gerüst
braucht, dann ist das innere Haltung.

| 308 |

/!\ Wenn man immer sein Bestes gibt,
ist das die ambitionierteste Form der
Selbstgenügsamkeit.

| 309 |

Wenn man das Warten gelernt hat, wird sich die Langeweile immer verspäten.

| 310 |

Wenn es noch Hoffnung gibt, ist das noch lange kein Anlass, sich Hoffnungen hinzugeben.

| 311 |

Wenn immer alles so bleiben soll, wie es ohnehin nie war, könnten wir ebensogut versuchen, die Erde anzuhalten.

| 312 |

Wenn Du
Deinen Gott verlierst, kannst Du zum wahren Glauben finden.
Wenn Du
Deinen Glauben verlierst, kannst Du zum wahren Leben finden – also zu Gott.

| 313 |

Wenn ein Narr
die Wahrheit verkündet,
tut sie vielleicht weniger weh.
Aber sie wird dadurch
nicht weniger wahr.

| 314 |

Wenn man sich aufgefordert sieht, „seine Weisheiten für sich zu behalten", ist das Gegenüber wahrscheinlich am Ende seiner Weisheit.

| 315 |

Wenn Du Dich im Besitz der Weisheit wähnst, so bedenke, dass die Weisheit nur denen zuteil wird, von denen sie Besitz ergreift.

| 316 |

Wenn man glaubt, der/die Erste zu sein, der/die einen bestimmten Gedanken gefasst hat, sollte man sich bescheiden beim ewigen Weltgedächtnis bedanken.

Wenn der Weg das Ziel ist,

besteht die Kunst darin, sich im Leben möglichst schöne Wege zu suchen.

| 318 |

\° / Wenn Dir Vertrauen geschenkt wird, ist das eines der wenigen Geschenke, die man ohne Weiteres zurück- oder weiterschenken darf.

| 319 |

(°!') Wenn die Liebe Dich besiegt, wirst Du daran wachsen.
Wenn der Hass Dich bezwingt, wird es Dich zerstören.

| 320 |

§!*Wenn der Mensch einer Freiheit bedürfte, dann nicht der, zu dürfen was er will, sondern der, zu wollen was er darf. Man nennt sie auch: Vernunft.*

| 321 |

[☉]*Wenn uns die Liebe trifft, werden wir eins mit dem Universum. Wenn sie uns verfehlt, verlieren wir uns im Universum.*

| 322 |

Wenn man beim Warten darauf wartet, dass das Warten vorbei geht, wird es umso länger dauern.

| 323 |

Wenn man seine Macht nur teilt, um ihrer teilhaftig zu werden oder zu bleiben, wird man sie bald ganz verlieren.

Wenn man von immer mehr immer weniger weiß, nennt man das Allgemeinbildung.
Wenn man von immer weniger immer mehr weiß, nennt man es Fachidiotie.
Wenn man von immer mehr kaum mehr etwas weiß, ist es Verdummung.
Wenn man von allem und jedem alles wissen will, ist es Ausspähung.
Wenn man von immer mehr immer weniger wissen will, ist es Resignation.
Wer will das alles wissen?

| 325 |

Wenn man ein gutes Vorbild sein möchte, ist Vorbild-Charakter dafür eine wichtige Voraussetzung.

| 326 |

Wenn man Zufriedenheit anstrebt, sind es weniger die eigenen Erwartungen und Forderungen, als eigene Angebote und Leistungen, die uns Erfüllung bringen.

| 327 |

Wenn Du im Besitz der Wahrheit bist, wird sie Dir nur nutzen, wenn Du auch die Weisheit besitzt, verantwortungsvoll mit ihr umzugehen.

| 328 |

Wenn Dein Leben einer endlosen Luxuskreuzfahrt gleicht, hast Du beste Chancen, vor Langeweile einzugehen. Aber vielleicht hast Du ja das Glück, auf einer einsamen Insel zu stranden.

| 329 |

Wenn nach der Dürre der Regen einsetzt, ist er ein Segen.
Wenn er bleibt, ist er ein Fluch.

| 330 |

Wenn Du mit Gott einen Deal machst, bedenke, dass er vielleicht bis in alle Ewigkeit gilt.

| 331 |

/?/ Wenn man sich schon fragt, ob man sich eine bestimmte Sache leisten könnte, handelt es sich sicher um etwas, auf das sich ebenso gut verzichten ließe.

| 332 |

Wenn man als Gläubiger glaubt, eine Forderung an Gott stellen zu können, sollte man sich besser über seine Stellung als Kleingläubiger im Sinne des Insolvenzrechts im Klaren sein.

| 333 |

Wenn die Narren die Bühne verlassen,
ist das nicht das Ende, sondern der
Anfang des wahren Spektakels.

| 334 |

Wenn der Eindruck trügt, empfiehlt
es sich, auf den Ausdruck zu achten:
-      **Er ist schwerer zu fälschen.**

| 335 |

[+} Wenn sich Zuversicht auf die Gegenwart gründet, handelt es sich gegebenenfalls um eine Form von Zweckoptimismus. Wenn sie sich auf die Vergangenheit gründet, handelt es sich bestenfalls um Zweckopportunismus.

| 336 |

+* **Wenn** Wahrheit Schönrednerei braucht, ist es keine.

| 337 |

❗x❗!Wenn Vertrauen missbraucht wird, wird Misstrauen vertraut.

| 338 |

|=|Wenn man alles so einfach wie möglich machen will, darf man es sich nicht zu einfach machen.

| 339 |

!ö! Wenn Du Gewissheit suchst,
dann in der Gewissheit,
sie niemals finden zu können.

| 340 |

Wenn man im guten Glauben
handelt, sollte man es
besser wissen.

| 341 |

?{ Wenn man gelernt hat, richtig zuzuhören, wird man kaum zu vorschnellen Antworten neigen.

| 342 |

°{° **Wenn man versucht, sich selbst zu ändern, sollte es aus eigenem Antrieb geschehen.**

| 344 |

*Wenn jemand gut verlieren kann,
hat das meistens eine gewinnende Art.

| 345 |

°Wenn man Vorbildern nacheifert,
sollte man sich stets ihres
Bildcharakters bewusst sein.

&+ Wenn man gegen einen schlechten Verlierer spielt, sollte man stets versuchen zu gewinnen – mit Anstand.

§Wenn aus Spiel Ernst wird, hat das Spiel verloren.§

| 348 |

Wenn man Respekt verdient, braucht man nicht um Mitleid zu heischen.

| 349 |

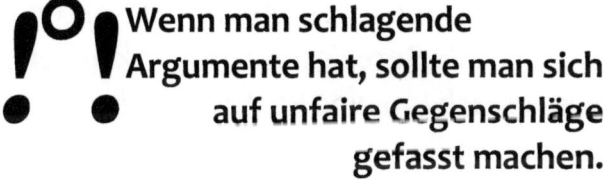

Wenn man schlagende Argumente hat, sollte man sich auf unfaire Gegenschläge gefasst machen.

| 350 |

\v/Wenn man den Sieg davonträgt, trägt man damit auch die Bürde der Erwartung künftiger Siege mit sich.

| 351 |

§! Wenn Macht verliehen wird, sollten sich alle Beteiligten darüber klar sein, dass es sich um eine kostbare Leihgabe handelt, mit der entsprechend verantwortungsvoll umzugehen ist.

| 352 |

o|o*Wenn man gerne Vorbild sein|
möchte, ist es stets leichter,
ein schlechtes zu sein.

| 353 |

?/!Wenn man nie gelernt hat richtig
• zuzuhören, wird man wohl auch nie
lernen richtig zu streiten.

| 354 |

−✚− Wenn schon ohne Niveau,
dann aber bitte mit dem
Ehrgeiz, dieses noch zu unterschreiten!

| 355 |

❗ Wenn das Siegen eine Gewissheit ist,
wird das Verlieren zur Zumutung.

| 356 |

:}>Wenn Deine Stimme das letzte ist, was Du hast, solltest Du sie gerade deshalb abgeben!

| 357 |

?*X Wenn Weihnachten schon wieder völlig überraschend vor der Tür steht, dann sicherlich deshalb, weil bis kurz davor die Tage immer kürzer werden.

| 358 |

./*-Wenn einem partout nichts mehr einfällt, dann hoffentlich wenigstens etwas Originelles!

| 359 |

(...)̃ Wenn man aus jeder Mücke einen Elefanten macht, kann man sich den Artenschutz sparen.

| 360 |

>W>>enn Kalendersprüche reden könnten, würden sie die Geschichte der ewigen Wiederkehr erzählen.

| 361 |

]?} Wenn man grundlos fröhlich ist, genügt es, darüber nachzudenken, um diesen schönen Zustand alsbald zu beenden. Wenn man grundlos traurig ist, gelingt das leider fast nie. Also lohnt es sich nicht, über scheinbar grundlose Gefühle nachzudenken.

| 363 |

Wenn man ein Menschenalter für einen langen Zeitraum hält, sollte man einen Hundertjährigen befragen.

| 364 |

Wenn man schon Aphorismen bastelt, dann sollte zumindest deren Bastler/in seinen/ihren Spaß daran haben!

| 365 |

Wenn der Teppich nicht fliegen kann, dann muss das eindeutig an dem ollen Teppich liegen.

Der Autor

Mathias Bluemlein formuliert gerne einmal durch die Blume.

Hinter seiner vielschichtigen Vita und Biografie verbirgt, nein: offenbart sich ein wacher, stets jugendlich provokanter und kritischer Geist. Bluemlein hat sich diversen Musen verschrieben und präferiert meist das Schreiben, weil es bis heute mit einem Minimum an Produktionsmitteln, bei einem Maximum an Mobilität, zu realisieren ist. Er nimmt daher auch den eher unterdurchschnittlichen Deckungsbeitrag seiner freischwebenden beruflichen Existenz billigend in Kauf.

Bisher veröffentlicht: - 365wenn.de, Edition 1, 2014 (BOD)